CHRONIQUE

DU ROYAUME ARMÉNIEN DE LA CILICIE

A L'ÉPOQUE DES CROISADES

PARIS. — IMPRIMERIE DE V. GOUPY ET Cⁱᵉ, RUE GARANCIÈRE, 5

CHRONIQUE

DU

ROYAUME ARMÉNIEN DE LA CILICIE

A L'ÉPOQUE DES CROISADES

COMPOSÉE

Par VAHRAM RAPOUN

ET TRADUITE SUR L'ORIGINAL ARMÉNIEN

Par SAHAG BEDROSIAN

(de Constantinople).

PARIS

BENJAMIN DUPRAT

LIBRAIRE DE L'INSTITUT, DE LA BIBLIOTHÈQUE IMPÉRIALE ET DU SÉNAT,
DES SOCIÉTÉS ASIATIQUES DE PARIS, DE LONDRES, DE MADRAS,
DE CALCUTTA, DE SHANG-HAI ET DE LA SOCIÉTÉ ORIENTALE AMÉRICAINE DE NEW-HAVEN (ÉTATS-UNIS)

Rue du Cloître Saint-Benoît (rue Fontanes), 7
Près le Musée de Cluny.

1864

CHRONIQUE

DU ROYAUME ARMÉNIEN DE LA CILICIE

A L'ÉPOQUE DES CROISADES

COMPOSÉE

Par VAHRAM RAPOUN

ET TRADUITE SUR L'ORIGINAL ARMÉNIEN

Par SAHAG BEDROSIAN

(de Constantinople)

La présente Chronique a été composée par Vahram Rapoun (le maître), secrétaire du roi d'Arménie Léon III, fils d'Héthoum I et de Zabel. Elle a été imprimée d'abord en arménien à Madras, et ensuite à Paris, en 1860. On en connaît une traduction anglaise due à M. Neumann (Londres, 1831), mais elle n'a jamais été publiée en français. M. Sahag Bedrosian, Arménien de Constantinople, a entrepris ce travail, dont nous offrons la primeur aux lecteurs de la *Revue*. (*Note de la Rédaction.*)

CHRONIQUE DE VAHRAM

Le patriarche Nersès, surnommé le Miséricordieux, a écrit, en vers, une Histoire de l'Arménie, nous dépeignant les mœurs et usages de nos aïeux, depuis l'antiquité la plus reculée jusqu'à notre époque – ayant pour but d'enseigner au peuple à suivre la voie du bien. Ayant lu cette histoire, il a plu à Léon, roi sacré de l'Arménie, de me charger, moi, esprit infime, d'ajouter à l'ouvrage de notre saint Père, tout ce qui avait pu être recueilli par des témoins fidèles et ce que, de notre côté, nous avions pu observer par nous-mêmes, m'ordonnant, en outre, d'écrire ce complément en vers, afin que la lecture en fût plus agréable.

Or, moi Raboun Vahram, versé dans la théologie, convaincu de mon peu de talent, mais n'ayant jamais dévié de la droiture, je fus saisi par la crainte, après avoir reçu cette mission, de mériter le châtiment dont parle saint Paul, en n'obéissant pas aux ordres du roi, car s'il était audacieux de joindre mes faibles écrits aux anciens, croire qu'ils puissent les égaler eût été de la folie. Cette réflexion m'alarma et j'hésitai à écrire. Cependant, je me décidai à le faire, persuadé que mes humbles productions ne feraient que relever les beautés de celles auxquelles elles seraient jointes. Semblable aux peintres qui entourent d'une bordure noire le fond doré d'un tableau, non avec l'intention de faire admirer la bordure elle-même, mais pour faire ressortir le brillant du fond, cette considération me rendit courage et j'entrepris ma tâche me confiant en celui dont la grâce est illimitée, qui sait ce que nul n'a vu; qui, sous trois apparences, est un seul être: le Père, le Fils et le Saint-Esprit; dont le règne est éternel, qui seul doit être adoré, seul crée et conserve toutes choses: avec son nom je commence et finirai mon œuvre, racontant les faits depuis l'origine des temps jusqu'à notre époque.

Les nations chrétiennes ont toujours été favorisées de la bienveillance de Dieu; elles furent édifiées par la foi et gouvernées par d'excellentes lois. Mais peu à peu dérogeant à ces lois, elles se souillèrent par leurs mauvaises œuvres. Leurs crimes étant arrivés à leur comble, excitèrent la juste colère du Seigneur et un fléau apparut dans le désert de l'Arabie, fléau ayant nom Mahomet, fils de l'obscurité et père de l'hérésie, entraînant maints autres avec lui et prêchant par le sabre et l'épée et soumettant les contrées. Le mal resta après la mort des méchants. Le fils suivit le père, et l'usurpation s'accomplit.

Durant les siècles suivants, les peuples que nous nommons Turcs firent irruption du nord, divisés en vingt-quatre tribus, conquirent le royaume de Perse et adoptèrent les hérésies de Mahomet, soumirent le roi, vainquirent l'empereur et remplirent le monde du bruit de leurs victoires. Ils vinrent enfin à Babylone et là, érigeant le siège de leur empire, s'avancèrent vers l'Orient et atteignirent l'Arménie, où ils maltraitèrent les habitants et leur imposèrent un joug pesant. (1037.)

Lassés de cette oppression et ne pouvant supporter plus longtemps le joug que ces barbares leur imposaient, les Arméniens, préférant la liberté dans des pays étrangers à l'esclavage dans le leur, s'enfuirent vers les régions occidentales et septentrionales. Cakig II, leur roi sacré, considérant ces désastreuses circonstances et la gravité des événements, abandonna son pays à l'empereur romain en échange duquel il lui fut donné la ville célèbre de Césarée, et quelques autres de la Cappadoce, et par suite les Arméniens revinrent en émigrant sous les Grecs (Strabon, xii, 2 vol., éd. Tauch.)

Mais la jalousie qui existait depuis tant de siècles entre les deux nations, et qui s'enracinait de plus en plus au cœur de chacun, donna, ainsi qu'on va le voir, naissance au désordre. (1079.)

Le métropolitain de Césarée, nommé Marius, possédait un chien qu'il nomma *Armen*. Cakig l'ayant appris, invita Marius à un dîner, et lui demanda le nom de son chien; le métropolitain effrayé donna un autre nom auquel le chien ne répondit pas; appelé alors *Armen*, l'animal vint de suite. Le roi donna ordre immédiatement qu'on mît le métropolitain et son chien ensemble dans un sac, et qu'ils fussent torturés jusqu'à ce qu'ils ne pussent plus le supporter. A cette nouvelle, tous les Grecs se soulevèrent, Cakig fut tué par le fils d'un certain Mandali, et les officiers de l'armée terrifiés. Un chef, déjà célèbre et prince du sang, nommé Rouben, baron du fort Kosidar, apprenant la mort du roi et les événements qui la suivirent, se réfugia avec toute sa famille vers le mont Taurus, le traversa, et, aidé de tous les Arméniens qui se sauvaient et

augmentaient ses forces, prit possession d'une ville nommée
Kohrmaloss, située au delà de la Phrygie, où il resta, après
avoir expulsé tous les Grecs qui s'y trouvaient, et y établit sa
domination qui s'agrandit. Sa vie s'y écoula saintement et il
fut plus tard comparé à Jésus-Christ. (1095.)

Constantin, fils de Rouben, lui succéda dans sa principauté.
C'était un magnanime prince dont le principal État fut Vahga
où il établit sa résidence. Il livra plusieurs batailles aux Grecs
qu'il vainquit, s'empara de nombreuses places et fit beaucoup
de prisonniers. La domination de Constantin s'étendit vers la
mer jusqu'au golfe d'Issur ou Scanderum. Très-honoré des
Franks, qui lui donnent le titre de comte ou margrave, il
devint leur allié contre les Turcs. Brave, bienveillant et fi-
dèle croyant, sa renommée franchit les mers, par lui les villes
furent reconstruites et la terre cultivée, et tout florissait. Il
arriva un avertissement du ciel qui annonça la mort de cet
homme extraordinaire ; un jour qu'on lui servait un mets, la
pièce s'élança soudainement du plat et s'alla cacher dans le
coin de sa maison parmi la volaille. Les sages considérèrent
ce fait comme un signe précurseur annonçant que bientôt le
roi irait rejoindre ses ancêtres, ce qui se réalisa ; il mourut et
fut enterré dans l'église appelée Castalon.

Constantin avait deux fils ; l'aîné, qui succéda à son père,
s'appelait Thoros, et le plus jeune Léon. Thoros le surpassa
en sagesse, et sa valeur militaire fut renommée. Pour venger
la mort de Cakig le Grand, il entreprit une guerre contre le
fils de Mandali ; après s'être rendu maître de leur fort nommé
Centerhasg, il fit mettre à mort tous ceux qui s'y trouvaient
et remporta un grand butin. Il trouva dans cette place une
image de la sainte Vierge qu'il traita avec un grand respect,
ce qui le rendit encore puissant et le fit vaincre les Grecs plusieurs fois. Il prit Anazarbus et y fit construire une église où
il plaça l'image de la Vierge. Il gouverna si vaillamment et
telle fut l'estime qu'il inspira, que la Cilicie perdit son propre
nom et fut appelée le pays de Thoros. Ce prince aima Dieu
de tout son cœur, fut bienfaisant pour ses serviteurs, bâtit

des églises et protégea les monastères pour lesquels il avait un profond respect, entre autres ceux nommés Trassarg et Maschgevar, il fit à ces derniers, ainsi qu'à beaucoup d'autres, de nombreux dons. Il mourut et fut enterré dans la sainte église appelée Trassarg.

Après la mort de Thoros, son fils aîné et héritier fut jeté en prison et empoisonné par une coterie de méchants, et la principauté échut à Léon, frère de Thoros et son émule en qualités. Léon conquit *Mamestra* et *Tarsus*. Il invita plusieurs capitaines célèbres à se joindre à lui, en leur promettant de riches récompenses; puis il combattit les étrangers ou infidèles, auxquels il enleva plusieurs places fortes, faisant passer leurs habitants au fil de l'épée, excitant l'admiration de ses guerriers et la crainte de ses ennemis, les infidèles, qui l'appelèrent le nouveau Astahag, et son retour dans son pays fut accompagné d'honneurs. Quatre fils naquirent de cet homme incomparable : le premier nommé Thoros le Grand, le second Stéphanus; ensuite vinrent Melch et puis Rouben.

L'empereur romain (Calo Johannès), qui avait le surnom de Porphyrogénétus, ayant appris ce que Léon avait accompli, s'en alarma, réunit une armée nombreuse, et vint en Cilicie. Léon, se voyant entouré par une armée aussi importante, perdit la confiance qu'il avait dans ses retranchements et s'enfuit dans les montagnes, où il fut bientôt pris et conduit à l'empereur. Quelques personnes vont jusqu'à affirmer que c'est par fraude que l'empereur s'en empara. Ses deux fils furent également pris et amenés avec leur père en captivité à Constantinople. Melch et Stéphanus n'étaient heureusement pas en Cilicie quand leur père fut pris; ils étaient, en ce moment, à Urha ou Édessa, en visite auprès de leur oncle, Joscelin I, comte de ce pays. (Voyez Gibbon, IV, 224.)

L'armée arménienne fut détruite et l'empereur prit possession de la Cilicie, y laissa une partie de ses soldats et revint à Constantinople. L'œil qui voit la terre du ciel eut pitié de Léon et de ses fils infortunés, et inspira la clémence au cœur de l'empereur, qui traita Léon avec honneur et permit à ses enfants de rester auprès de lui. Il l'invita à partager ses repas et leur permit les plaisirs de la chasse ; les fit revêtir de riches vêtements et leur accorda toutes sortes d'attentions (1138). Un jour, l'empereur, étant au bain, fit appeler Léon et ses fils, et fut si content de l'esprit de Rouben qu'il le nomma un des intendants de sa maison et lui promit de l'élever encore plus haut.

Rouben prit une fois la baignoire de l'empereur pleine d'eau et la brandit avec promptitude, ce qui fut reporté à l'empereur, qui ainsi que tous ceux qui l'avaient vu l'appelèrent nouveau Samson. Mais ce fait excita tellement la haine et la jalousie des soldats qu'ils le noircirent aux yeux de l'empereur et finirent par le tuer.

Thoros resta seul en prison avec son père et eut un songe qu'il lui communiqua : « J'ai vu en songe, dit-il, un homme d'une énorme grandeur, qui m'offrait un pain sur lequel était un poisson ; très-surpris, je pris ce qu'il m'offrait, lorsque tu vins, ô mon père ! et je te demandais ce que cela signifiait ; mais je ne me souviens pas de ce qui arriva ensuite. » Après ce récit, Léon, inspiré par le ciel, devint joyeux, embrassa son fils, et lui dit : « O mon digne enfant ! sois heureux ; car tu seras honoré comme tes aïeux ; après l'infortune vient le bonheur. Notre pays, qui nous fut enlevé pour nos péchés, sera encore gouverné par toi ; le poisson que tu as vu signifie que tu seras maître des mers ; mais je ne jouirai pas de ces bonnes nouvelles. »

Léon mourut, et alors l'empereur eut compassion de Thoros, qu'il fit sortir de prison et admit parmi ses gardes ; où Thoros, se trouvant constamment dans le palais impérial et simple soldat sous les yeux de l'empereur, fut toujours traité par lui avec bienveillance. Avant la fin de l'année (1141), l'empereur quitta Constantinople avec une armée nombreuse, pour aider de son secours le prince d'Antioche, inquiété par les Turcs (Dadjik). Un jour, qu'il était à la chasse dans la vallée d'Anazarbus, il se blessa avec une de ses propres flèches empoisonnées et mourut sur le coup. Il subit le destin qu'il méritait. L'armée l'enterra à la place même où il avait perdu la vie, et lui érigea un monument qui se voit encore et qui fut nommé Kachzertik, c'est-à-dire Corps du *Calos* ou Magnifique.

L'armée grecque revint, mais Thoros resta dans ce pays. Les versions relatives au fait sont différentes; suivant l'une, Thoros quittant seul l'armée alla par mer d'Antioche à Cilicie et reprit possession de ses États, ayant d'abord gagné la ville d'Amouda et ensuite toutes les autres; suivant l'autre répandue par les partisans de l'empereur, Thoros, durant le séjour de l'armée dans ce pays, aurait vécu avec une femme de laquelle il aurait eu une grande somme d'argent et après avoir fui dans les montagnes, il se serait fait connaître à un des prêtres comme le fils de Léon et le vrai roi d'Arménie. Ce prêtre heureux de cette nouvelle fit prendre à Thoros le costume de berger pour n'être pas découvert. Il y avait dans cette contrée beaucoup d'Arméniens qui, traités durement par les Grecs, gémissaient de n'avoir plus leurs anciens maîtres. Le prêtre tout joyeux les assembla pour leur communiquer la présence de Thoros parmi eux, et immédiatement ils se réunirent et reconnurent Thoros pour leur *baron*. Il s'empara de Vagha, puis d'autres villes. Quoi qu'il en soit, il est certain que Dieu, après l'avoir laissé captif, lui permit de commander encore dans le pays de ses ancêtres, d'arracher le gouvernement aux mains des Grecs et de détruire leurs armées.

Après la mort de Porphyrogénétus, son fils Manuel lui succéda et fut appelé vulgairement *Pareser* (la Sagesse). Dès qu'il eut pris les rênes du gouvernement de son empire, son premier soin fut d'assembler une armée pour voler au secours des Francs qui étaient venus dans ce pays et étaient pressés par les Turcs. L'empereur apprenant ce que Thoros avait fait et comment il avait traité les Grecs, devint furieux et ordonna qu'il fût pris et amené devant lui captif, ce qu'il supposait facile à exécuter. Mais Thoros se renferma dans une place forte et en fit occuper tous les passages par ses soldats après avoir expulsé tous les Grecs qui s'y trouvaient. Manuel l'ayant appris, n'en fut *que plus furieux*.

Il arriva, sur ces entrefaites, que l'Empereur envoya sous l'escorte de quelques Grecs nobles une grande somme d'argent et que cette caravane tomba au pouvoir de Thoros, qui fit prisonniers les gardes et partagea le trésor entre ses soldats, ce que voyant, les Grecs furent surpris et lui dirent : « Pourquoi prodigues-tu tant de richesses à de pareilles gens? » Thoros ne répondant pas directement à cette question, répliqua : « Ces mêmes hommes pourront vous refaire prisonniers ; toutefois je vous accorde la liberté de rejoindre les vôtres. » Dès leur retour, ils apprirent à l'Empereur ce qui s'était passé et celui-ci prit la résolution de rester en bons termes avec Thoros, et le prince d'Antioche leur servit d'intermédiaire. L'Empereur vint à Antioche, Thoros s'y était également rendu et avait fait l'admiration de tout le monde par son esprit et sa valeur; il abandonna à l'Empereur, moyennant une somme d'argent, Anazarbas et quelques autres villes qui étaient en sa possession et que l'Empereur désirait.

Thoros s'en retourna en Cilicie, et l'Empereur prit ses dispositions pour retourner dans son pays; mais aussitôt que l'armée impériale eut quitté Anazarbas, Thoros à la faveur de la nuit gagna Vagha; l'Empereur revint à la hâte avec l'intention de rompre le traité, mais Thoros s'empara de nouveau d'Anazarbas et des villes environnantes telles que Mamestia. Le duc de Tarse, qui avait été nommé gouverneur de cette contrée par l'Empereur, rassembla l'armée grecque que l'Empereur lui avait confiée ainsi que les principaux barons arméniens qui avaient embrassé le parti de l'Empereur, entre autres Ochin, baron de Lampron, et la famille de Nathaniel qui étaient les chefs d'Asgourhas. Ils s'unirent pour assiéger Mamestia, mais Thoros, faisant une sortie combattit si vaillamment qu'avec peu de monde il remporta une victoire éclatante, et fit un grand nombre de prisonniers. Quelques chefs grecs furent mis à mort; d'autres purent au moyen d'une rançon racheter leur liberté, Thoros fit grâce à tous les Arméniens qui se trouvaient parmi eux et gagna leur amitié par ce procédé. Oschin, séduit par une somme d'argent, abandonna le parti de l'Empereur et fit un traité avec Thoros et celui-ci donna sa fille en mariage au fils d'Oschin. Le baron de Lampron ayant ainsi arrangé ses affaires, marcha à la tête d'une armée fraîche qu'il venait de réunir et prit la fameuse Tarsous et tout le pays qui s'étend depuis les précipices d'Isauria jusqu'à la mer. A cette nouvelle, la colère de l'Empereur Manuel, qui se voyait dans l'impossibilité de châtier Thoros, fut à son comble; il expédia un message au sultan d'Iconium Chilidg-Asslan par lequel il lui promettait une grande somme d'argent, s'il voulait entreprendre une guerre contre Thoros. Le sultan invoqua un traité qui existait entre lui et Thoros ; mais il ne sut pas résister aux offres qui lui furent faites par un second message. En conséquence s'étant mis à la tête de son armée, il vint assiéger Anazarbas. Mais Dieu était contre les infidèles et les punit comme il avait jadis châtié les Egyptiens, en répandant sur eux des épidémies et d'autres calamités. Thoros fit une invasion sur le pays même du sultan, se rendit maître d'Iconium et revint chargé de butin. — Thoros envoya un présent à Chiligd-Asslan provenant du butin qu'il avait rapporté. Le sultan revint encore une fois pour combattre Thoros, mais son armée s'en retourna avec confusion. Le sultan dégoûté à la fin de rompre ses serments, en contracta de nouveaux avec notre héros, avec lequel il resta en amitié depuis.

Thoros était grand et d'un esprit solide, sa bonté n'avait point de bornes ; comme la lumière du soleil, il brilla par ses œuvres, et fut le bouclier de la vérité et le modèle de la vertu. Il était versé dans les saintes Écritures et dans les sciences profanes. On dit que son jugement était si profond qu'il expliquait les passages les plus difficiles des prophètes. En un mot qui résumera tout, il était si accompli que Dieu l'appela à lui. Il fut enterré à Trassarg. (1167.)

Son frère Stéphanus, dont nous avons déjà parlé, était dans les *Montagnes noires*, se rendant illustre par ses prouesses et pour avoir pris Carmania, jadis Laranda, et les places environnantes. Mais les Grecs revinrent contre lui et le défirent ; il mourut et fut enterré dans l'église d'Arkagal (c'est-à-dire l'Archange). Il laissa deux fils, Rouben et Léon, qui devint ensuite roi de Cilicie.

Thoros laissa un enfant en bas âge, qu'il confia, avec le pays, aux soins d'un certain baron Thomas, son beau-père, avec l'injonction de lui remettre la couronne à sa majorité. Meleh, dont nous avons parlé plus haut, se trouvait avec le sultan d'Alep Nour-Eddin ; quand il eut connaissance de la mort de son frère, il accourut avec une armée pour prendre possession de ses États, et traita cruellement les habitants, sans toutefois pouvoir se rendre maître du pays ; il fut donc forcé de s'en retourner à Alep; mais il revint avec des forces plus grandes. — Sur un message des barons arméniens, qui le reconnaissaient pour leur souverain, il renvoya les Turcs et gouverna quelque temps en paix ; mais il fit exiler le baron Thomas, qui alla ensuite à Antioche. Le fils de Thoros fut tué par ordre de Meleh. Cet homme cruel fut enfin massacré par ses propres soldats et enterré dans l'église appelée le *Chariot de triomphe*.

Les fils de Stéphanus, Rouben et Léon, étaient très-estimés d'un certain baron Pakouran, homme très-important, ainsi que par la noblesse arménienne et l'armée, qui désignèrent Rouben pour leur baron. C'était un prince excellent, compatissant et généreux ; il gouverna très-bien le pays et était loué de tout le monde. Ami des Grecs, il épousa une femme de cette nation, dont il eut deux filles éblouissantes d'une chaste beauté. Il assiégea Lampron et en pressa vivement les habitants qui, se sentant incapables d'une longue résistance, demandèrent secours au prince. Celui-ci invita Rouben à le trouver à Antioche et, usant de trahison, l'y fit prisonnier, espérant que pendant sa captivité il pourrait aisément conquérir la Cilicie. Mais Léon se mettant à la tête de l'armée combattit avec tant de courage, que non-seulement il défendit bien son pays, mais qu'il délivra son frère. Les habitants de Lampron se rendirent et offrirent leurs trésors au baron de

Cilicie. De retour, Rouben régna avec humanité et sagesse, et mourut en laissant la couronne à son frère Léon, auquel il confia l'éducation de ses filles, lui recommandant expressément de ne les marier à aucun étranger afin que les Arméniens ne fussent jamais gouvernés par des tyrans. Rouben fut enterré dans Trasaig.

Léon était un prince vaillant et instruit, il agrandit ses États et devint maître de beaucoup de provinces. Quelques jours après avoir pris possession du pays, les descendants d'Ismaël, sous le commandement d'un certain Roustam, s'avancèrent contre la Cilicie. Léon n'en fut pas effrayé, il mit sa confiance en Dieu et sortit vainqueur du combat. Roustam fut tué et le désordre se mit dans son armée, qui fut poursuivie par les Arméniens. Ceux-ci firent un butin considérable.

Cette action augmenta la puissance de Léon. Confiant dans ses forces, il guerroya contre les Dadjiks et les Turcs, conquit l'Isaurie et alla jusqu'à Iconium; il s'empara d'*Heraclea*[1], qu'il abandonna contre une rançon; il bloqua Césarée[2] et fit alliance avec le sultan d'Iconium, dont il reçut une somme d'argent importante. Il entoura la Cilicie de forts et de défenses de guerres, construisit une nouvelle église qui fut nommée Agner, et se montra généreux envers les monastères fondés par ses aïeux. Sa bonté s'étendit jusqu'aux lépreux repoussés de tous, auxquels il donna un asile particulier et qu'il pourvut de toutes choses.

Par cette conduite, Léon obtint une grande réputation et ses actions furent rapportées à l'empereur des Franks, Frédéric II. Les Grecs, par la grâce de Dieu, le favorisèrent du diadème. La cérémonie qui eut lieu à cette occasion est aussi importante que célèbre : les Arméniens se réunirent pour le couronnement de Léon le Grand, dans la cathédrale de la ville de Tarsous et le catholicos Grégoire VI, appelé Abirad (1195-1203), oignit Léon suivant la coutume, et le consacra

---

[1] Petite ville près de Laodicea.
[2] L'ancienne Samarie, appelée *Cæsarea* par Hérodote.

roi de la maison de Thorgoma, pour régner et briller par ses qualités, glorifier l'Église, bien gouverner, rassembler les peuples dispersés, entretenir ia paix dans son pays et y répandre une félicité aussi heureuse que celle du paradis.

Ce grand roi s'allia au prince d'Antioche en lui donnant en mariage la fille de son père, puis il fit une excursion dans la province d'Arabie et conquit la ville appelée Bagras; par sa grande sagesse il acquit aussi Lampron.

Le grand sultan d'Iconium Caicaiouss, quittant la Cappadoce (Kamir), marcha contre le roi et assiégea le fort de Gaban. Les Arméniens attaquèrent l'ennemi sans en attendre l'ordre du roi et furent en partie tués ou faits prisonniers, et les Turcs serrèrent le fort de près. Léon, ne perdant pas ses esprits par cette défaite, rassembla ce qui lui restait de troupes, et alla piller le territoire du sultan jusqu'en Cappadoce, et après avoir dévasté ce pays, revint chargé de butin. Dans cette occurrence, le sultan abandonna la Cilicie pour voler au secours de son propre pays, puis fit la paix avec Léon, à condition que le butin serait rendu.

Après avoir gouverné cette contrée vingt années comme baron et vingt-deux comme roi, Léon assembla la noblesse du royaume, et désigna un de ses barons, nommé Adam, comme régent et comme tuteur de sa fille. Léon mourut et fut enterré dans l'église d'Agner; une partie de son corps fut transportée dans la ville de Sis et une église y fut construite pour honorer sa mémoire.

Adam fut assassiné et Constantin nommé régent; il maria la fille du roi, héritière de l'empire (la bonne et chaste Isabelle) à un homme de la famille du roi, qui fut reconnu par les barons pour leur légitime souverain et auquel ils jurèrent fidélité[1]. Mais le pays fut troublé; un ambitieux nommé Rouben[2] fut envoyé par le prince d'Antioche, captura beaucoup

[1] Le premier mari d'Isabelle fut Philippe, fils du prince d'Antioche et de la nièce de Léon. Isabelle se remaria avec Hethoum, fils du régent Constantin. A. D. 1223.

[2] Ce Rouben était de la famille royale.

de nobles et aspira à la couronne. Bientôt il prit possession de Tarsous et s'apprêtait à marcher contre Sis, mais Constantin le joignit près de Tarsous avec son armée et le vainquit. Rouben et les chefs de son parti moururent en prison.

Par cette victoire, Constantin augmenta sa puissance et gouverna le pays avec fermeté, bâtit des églises et honora le clergé. A cette époque, le patriarche s'appelait Jean VI, et plus tard ce fut Nerses, que nous avons mentionné en commençant notre chronique. Nous pensons convenable de parler aussi de ces saints hommes.

Après la mort de Nerses, c'est-à-dire sa migration d'une vie dans une autre, Grégoire surnommé Degha fut sacré; c'était un homme fort et pieux ; vint ensuite Grégoire, surnommé Caravedj, *ou tué par la pierre*, puis Grégoire Abirard, et enfin Jean ci-dessus mentionné. Léon, à la suite d'une contestation avec Jean, le remplaça par David, qui gouverna l'Église avec sagesse; mais ensuite Léon, s'étant réconcilié avec Jean, le réintégra sur son siége, et mourut ensuite très-regretté des Arméniens. Constantin lui succéda et dans son excellente bonté, il fiança l'héritière de l'empire, Isabelle, à son fils Hethum, devant une assemblée de nobles convoqués à cet effet.

Hethum fut sacré roi d'Arménie, et la couronne qu'il portait, ainsi que le sceptre consacré qu'il tenait à la main, étaient d'or; il était placé sur un trône élevé, également doré, et tenant les insignes de la royauté dans sa main droite, il promit de régner avec équité et de protéger les pauvres contre l'injustice. Hethum était un roi excellent et bienfaisant, réunissant les qualités de l'âme à celles du corps, pieux, doux et humain. Il gouverna de concert avec la légitime héritière de l'empire, dont la vie fut exemplaire par sa piété et dont les bonnes actions furent bénies et récompensées par la naissance de nombreux enfants, rejetons d'une race fameuse. Le premier fut Léon le Pieux, qui règne maintenant, puis Thoros, le bienheureux, qui eut la mort d'un héros [1]. Isabelle eut aussi cinq filles et un garçon,

---

[1] Dans une bataille contre les Mamelouks d'Égypte.

Rouben, qui mourut jeune. La reine, prête de quitter la vie, se trouvant dans la ville de Ked, entendit une voix du ciel qui lui cria : *Viens, ma colombe, viens, ma colombe, ta fin est proche.* Ces paroles la comblèrent de joie, et elle les communiqua aux personnes qui l'entouraient ; bientôt son âme rejoignit le Seigneur. La cérémonie de son enterrement eut lieu en grande pompe et assistée de toute la chrétienté.

Après la mort de la reine, le roi eut de graves tribulations : car un peuple du Nord, nommé *Tartars* et *Magul* ou *Mogol*, d'après son pays, fit irruption et dévasta toutes les contrées qui tombèrent sous ses coups. La prophétie de Jérémie, qui avait prédit que le *feu dévorant viendrait du Nord*, se réalisa une seconde fois.

Ces peuples avaient quatre rois, dont chacun avait sous ses ordres dix chefs. Ils se réunirent et il fut décidé qu'Hethum irait chez l'un d'eux, le plus puissant, surnommé le *Fils de Dieu*. Hethum, après bien des vicissitudes, fit un traité de paix avec les Tartars, revint[1], et conquit beaucoup de provinces ; il combattit les armées des Persans ou Turcs, et s'empara de leur pays ; il se rendit maître de Caramanie, et Behesni fut délivrée de l'oppression des Turks, dont la puissance s'éteignait. La volonté de Dieu changea, et il nous regarda d'un œil bienveillant. Les portes du ciel furent ouvertes pour laisser arriver ses bontés sur la terre. Le pays fut heureux et fertile, comme le paradis et, comme le dit l'Écriture : chaque homme reposait en paix sous sa propre vigne. Mais les Arméniens de Cilicie méritèrent, comme jadis Sodome et Gomorrhe, par leur intempérance et leur méchanceté, d'être bientôt dévorés par le feu vengeur du ciel[2].

Les fiers Mamelouks, qui gouvernaient l'Égypte, prirent Damas, et pressèrent vivement le sultan de Bérée ou Alep, et conquirent tout le pays désigné par le nom de Chems. Ces Mamelouks s'unirent aux autres Hagareniens, et ce fut

---

[1] Héthum alla dans la résidence de Mangou à Caracorum.
[2] Abrégé par le traducteur.

comme si le sable de la mer s'était levé pour ceindre la dague et l'épée et livrer bataille aux hommes; ils marchèrent contre les chrétiens, comme des vengeurs envoyés par Dieu. Depuis Gaza jusqu'en Cilicie, tout fut détruit. Antioche, la grande Antioche, tomba entre leurs mains[1]; les maisons furent brûlées et les habitants emmenés en captivité. Après avoir pris possession de ces pays, ils allèrent contre la Cilicie et demandèrent à Hethum de payer un tribut. Le roi réunit ses soldats sous le commandement de ses fils et s'élança lui-même au-devant de l'ennemi. Il n'était pas encore de retour que les Hagaréniens vinrent dans le pays; l'armée s'enfuit, mais les princes restèrent. Thoros fut tué et Léon fait prisonnier. Ce malheureux pays fut détruit par le feu et ses habitants exterminés; mais les forts, qui avaient reçu des renforts de Léon, ne purent être pris, et l'ennemi dut faire retraite honteusement. La célèbre église de Sis et la ville elle-même furent livrées aux flammes; quant aux habitants, ils eurent heureusement le temps de fuir.

Après avoir satisfait leur rage, les ennemis retournèrent dans leur pays en grand triomphe et chargés de butin. A peine étaient-ils partis que Hethum revint à la tête d'une armée de Mongols dans son royaume et vit le désastre arrivé pendant son absence. Il pleura amèrement, mais il ne désespéra pas et mit sa confiance en Dieu. Son fils, qui avait été emmené captif, était doué d'un grand courage; loin de faire paraître aucune crainte, il consolait, au contraire, et égayait les autres prisonniers. Aux uns il donnait la nourriture, et aux autres prisonniers la rançon et rendait la liberté. L'armée présenta Léon au sultan, qui, remarquant ses sages discours, le reçut gracieusement et s'entretint avec lui avec bonté. Avec la permission du sultan, Léon alla à Jérusalem adorer la sainte croix et prier pour ses péchés; puis il revint en Égypte dans la prison où avait été autrefois Joseph.

---

[1] Antioche, finalement occupée et ruinée par Bondocdar ou Bibars, sultan d'Égypte.

Les prêtres l'engagèrent à ne penser qu'à Dieu et il lut immédiatement les Écritures et se livra à la prière ; Dieu, le regardant avec compassion, inspira la pitié au cœur du sultan.

Léon avait trente ans lorsqu'il fut fait prisonnier ; il resta vingt-deux mois en Égypte et fit un traité avec le sultan, qui fut ratifié par le roi Hethum, son père.

Par suite de cette convention, Léon obtint sa liberté et reçut de grandes démonstrations honorables. Le pays entier se réjouit lorsqu'il revint vers son père ; le peuple courut en foule pour le voir revenir et il embrassait tout le monde avec tendresse. Le roi alla à pied remercier Dieu de lui avoir permis de vivre assez pour revoir son fils Léon ; et, en présence du patriarche Jacob[1], compagnon de Constantin, il supplia Léon de prendre le gouvernement du pays et d'être sacré roi de Cilicie ; mais Léon, résistant à ses prières, ne voulut pas accepter cette offre, et Hethum fut, en conséquence, forcé de ne voir son fils que baron des Arméniens, jusqu'à ce qu'il jouit du royaume. Le roi tomba malade à cette époque et ne put recouvrer la santé ; ce fut une grande consternation dans le pays et le peuple lui donna le surnom de Makar. Ayant terminé son existence et gagné la vie immortelle, il fut enterré à Trassarg et chanté dans un poëme. Le baron Léon fut si affecté de la mort de son père qu'il en tomba dangereusement malade, et malgré les supplications qu'on lui adressait de se faire promptement couronner roi de Cilicie, il refusa et prit le deuil six mois. Les souverains voisins, le sultan d'Égypte, le khan et les autres princes l'invitèrent à prendre la couronne ; ému et encouragé par ces messages, il convoqua une assemblée d'Arméniens à Tarse avec le patriarche pour le sacrer et remplir les formalités de l'Église. Léon reçut le sceptre avec le globe doré dans sa main droite, et le Saint-Esprit descendit sur lui, et il fut consacré roi de la maison de Thorgom, pour régner et défendre le troupeau d'après la loi de Dieu.

---

[1] Jacob I, surnommé le Sage et le Docte, mourut en 1268.

Léon, en s'asseyant sur le trône de ses pères, fut miséricordieux envers tout le monde, pardonna à tous ceux qui avaient pu l'offenser et fut très-humain ; il augmenta le nombre des officiers de sa maison et tint le clergé en haute estime ; il pourvut aux besoins des vieux ecclésiastiques et généralement à ceux des pauvres qui se trouvaient en quelque endroit qu'il fût.

Léon fut encore plus généreux envers le clergé que ne l'avaient été ses ancêtres, et accorda aux vartabeds leur propre rang ; car il était l'ami des savants. Toutes les personnes qui étaient élevées à la dignité de vartabed reçurent un présent du roi et il en est conservé un souvenir éternel. L'armée reçut une paye plus élevée qu'auparavant, et le roi fut si bon envers chacun, si généreux et si compatissant, que tout ce peuple était heureux et que toute la nation arménienne était, pour ainsi dire, renouvelée. Satan, auteur du mal, voyant cela, s'efforça de combattre le roi ; il l'éprouva par l'infortune, comm Job, ainsi que par de nombreuses blessures ; mais le roi fut encore plus patient que Job, qui se plaignait avec ses amis.

Léon eut bientôt connaissance d'un complot ourdi par des chefs de sa propre famille ; mais, confiant en Dieu, il se contenta de détruire leurs châteaux et leur accorda la vie, laissant à Dieu le soin de les juger.

Cependant le sultan d'Égypte, rompant l'alliance qu'il avait contractée avec le roi Hethum, s'avança contre le pays. Son dessein avait été caché ; d'accord avec les Arabes et les Turcomans, et sans que personne s'en doutât, il fit une invasion en Cilicie. Il y avait longtemps que les Turcomans étaient dans le pays, où ils avaient passé l'hiver, comme bergers, et connaissaient toutes les routes et les défilés ; unis à ces gens, les Égyptiens ravagèrent cette contrée plus cruellement qu'elle l'eût été jamais. Ils pénétrèrent dans les montagnes et ayant découvert la retraite des hommes et des animaux, ils en détruisirent un grand nombre et massacrèrent même beaucoup de monde dans la plaine. Ceux qui s'étaient abrités dans les forts et les châteaux furent seuls sauvés. Le pays fut cerné de toutes parts et livré aux flammes. L'ennemi s'empara de Tarse, brûla la belle et célèbre église de Saint-Joseph, pilla la ville et après avoir commis ces méfaits, se retira.

Le roi Léon, plein de courage, voulait courir les hasards d'une bataille, mais les barons le quittèrent, et il ne put retenir qu'une faible quantité de soldats ; quoique désolé des malheurs de son pays, il consolait tout le monde et encourageait le peuple par des présents ; tandis qu'il subissait ces tristes épreuves, sans proférer le moindre soupir, l'un de ses fils, en bas âge, mourut et lui-même tomba malade et ne se guérit que par miracle, et à peine avait-il recouvré la santé qu'il perdit encore une fille ; mais malgré ces infortunes, son courage ne faillit point, et aucun mot de colère ne sortit de sa bouche, il s'abandonna à Dieu et supporta ces maux avec résignation. Cependant, tous ses malheurs n'étaient pas terminés, son pays eut encore à éprouver une épidémie qui fit de nombreuses victimes, de sorte que les bras manquant pour la culture, une disette en fut la conséquence. Le roi ne perdit pas courage, il ranimait celui de tous, et répétait ces mots de Job : « *Dieu avait donné et Dieu a repris ; que le nom du Seigneur soit béni ! nus nous sommes venus dans ce monde, et nus nous le quittons.* » — Dès lors Dieu jeta sur nous un regard de compassion et les paroles du prophète furent réalisées, *les ombres de la mort fuirent ces hommes malheureux* et Dieu se réconcilia avec la nation arménienne persécutée, et de meilleurs jours commencèrent. — Ayant pillé et saccagé notre pays, le sultan se retira avec son armée et Léon les poursuivit, les vainquit et revint joyeux dans son royaume[1] avec un grand butin. Le sultan d'Égypte fit proposer à Léon, par un message, la paix et son amitié. Le bruit des victoires de Léon se répandit très-loin et le *khan*[2] les ayant apprises

---

[1] Les Égyptiens étant partis, Léon combattit leurs alliés les uns après les autres.
[2] Le successeur de Houlagou, khan de la Perse.

envoya à Léon des armes offensives et défensives, et l'engagea à continuer la guerre.

Les Turcs qui régnaient à Camir (Iconium) devaient s'allier avec les Mogols contre nous; ils nous décrièrent en conséquence et décidèrent le khan, par une grande somme d'argent, à faire cette alliance avec eux. Les Turcs, alors, s'exprimèrent plus hardiment et nous méprisèrent publiquement, mais ils furent bientôt désabusés et aussitôt que l'union fut rompue, les Mogols vinrent et les détruisirent par leurs armes, envoyèrent des présents à notre roi et se conduisirent en tout très-loyalement envers lui. — Cette conduite ranima le courage de notre roi, qui fit une invasion en Turquie (Turkestan), prit du butin et retourna dans ses États, plein de joie. Les rois voisins, étonnés, demandèrent la paix à Léon qui, oubliant les torts qu'ils avaient envers lui, accepta de grand cœur leur amitié, car il était naturellement bienveillant, et aimait les bons rapports. L'infortune ne l'abattait jamais et le succès ne l'enorgueillissait pas, ne pensant qu'à Dieu et à bien gouverner.

Léon eut trois fils : l'aîné Hethum, versé dans l'Écriture et dans toutes les sciences, le second appelé Thoros et le troisième Sempad. — La reine Ceran, épouse du roi, est renommée par sa fidélité et sa bienveillance. Tel est notre roi, qui, par la grâce de Dieu, gouverne notre pays. Que le Seigneur lui accorde un long et paisible règne!

Maintenant et à la fin de mon ouvrage, j'ajouterai quelques observations. — Il a été dit précédemment que lorsque les Tadjeks vinrent dans notre pays, ils brûlèrent la maison du Seigneur, qu'ils prirent les croix, les livres sacrés et toutes les choses saintes dans leurs mains abominables, et qu'ils jetèrent tout au feu avec tant d'infâmes plaisanteries, qu'ils passèrent tous les prêtres au fil de l'épée et torturèrent tous les chrétiens. Quand toutes ces calamités accablèrent le pays, quelques habitants les supportèrent avec patience, quoique à contre-cœur, et d'autres devinrent furieux et blasphémèrent, et ceux-là étaient faibles dans la foi. « *Peut-il être*, disaient-ils, *peut-il être juste le jugement par lequel nous sommes condamnés? sommes-nous les seuls pécheurs dans ce monde, pour être seuls ruinés? ou les Dadjiks sont-ils les hommes équitables choisis pour que nous soyons tués par leurs mains, ces impies souillés par toutes les mauvaises actions?* — Mais, par ce raisonnement, il s'ensuivrait que ceux qui tombèrent écrasés sous le temple par lequel Samson s'ensevelit lui-même, ne furent pas tués à cause de leurs propres péchés, — que les Galiléens, qui furent mis à mort par Pilate, ne succombèrent pas à cause de leur propre méchanceté, mais par le jugement de Dieu! — Tous ceux qui ne sont pas repentants subiront la même punition. Dieu châtie celui qu'il aime. Confier ses espérances à Dieu et être résigné dans l'infortune, sont les meilleurs moyens pour vivre dans ce monde et l'autre. — Puissent Léon, roi des Arméniens, l'auteur et le lecteur de ceci, être jugés dignes d'entrer dans le monde éternel et immortel, pour la gloire et l'honneur des trois personnes et un seul Dieu, maintenant et toujours, pendant l'éternité!

www.ingramcontent.com/pod-product-compliance
Lightning Source LLC
Chambersburg PA
CBHW070501080426
42451CB00025B/2974